Zutatenlisten aller Rezepte als Einkaufszettel direkt auf Ihr Handy!

So geht's: QR-Code-Reader im Handy aufrufen und QR-Code scannen. Ein Link führt Sie zur Kapitelübersicht und später zu der Zutatenliste. Handy mit in den Supermarkt nehmen und Einkaufszettel jederzeit aufrufen.

Voraussetzung: internetfähiges Handy mit Kamerafunktion und installierter QR-Code-Reader-App. Durch die Nutzung des Internets können, abhängig von Ihrem Mobilfunkvertrag, Kosten entstehen.

Rezeptinfos:

| | |
|---|---|
| 7 ProPoints Wert | *ProPoints®* Wert und zusätzlich kJ / kcal pro Person |
| **Fertig in:** | entspricht dem kompletten Zeitaufwand inkl. Back-, Gar-, Marinierzeit etc. |
| **Davon aktiv:** | entspricht dem Zeitaufwand der Vorbereitung wie Schneiden, Rühren etc. |

Schnell | Einfrieren | Vegetarisch

# Die richtige Ernährung ist der erste Schritt!

Schön, dass Sie sich für eins unserer Kochbücher entschieden haben und damit für eine gesunde und ausgewogene Ernährung. Denn dafür steht Weight Watchers immerhin schon seit mehr als 40 Jahren in Deutschland.

Weight Watchers ist weit mehr als eine Diät. Es ist ein ganzheitliches, flexibles Ernährungsprogramm. Neben einer Ernährungsumstellung sind auch Bewegung und persönliche Unterstützung wichtige Bestandteile unseres Konzeptes.

Wir bieten Coachings in wöchentlichen Treffen an, wo jeder Interessierte kennenlernen kann, wie abwechslungsreiche Ernährung und Bewegung dazu beitragen können, lange gesund und leistungsfähig zu bleiben. Und dabei auch erfolgreich sein Wunschgewicht zu erreichen. Wenn Sie mehr der Online-Typ sind, ist Weight Watchers Online vielleicht etwas für Sie – hier gibt es Zugriff auf die besten interaktiven Tools für eine erfolgreiche Abnahme. Die App für unterwegs gibt es automatisch dazu.

Denjenigen, die es noch individueller gestalten möchten, bieten wir auch persönliche Coachings an.

Unser Ziel ist es, ganz einfach Menschen für einen aktiven und ausgewogenen Lebensstil zu begeistern – dazu gehört auch ein gesundes Körpergewicht. Das Weight Watchers Programm basiert auf aktuellen wissenschaftlichen Erkenntnissen und langer Erfahrung. Es bietet ein Höchstmaß an Flexibilität und Alltagstauglichkeit.

Die Weight Watchers Kochbücher sind die perfekte Ergänzung auf dem eigenen Weg zum Wunschgewicht. Mit unkomplizierten Rezepten wird Kochen einfach zum Vergnügen! Die leckeren Gerichte sind problemlos nachzukochen und gelingen immer. Und das mit frischen Zutaten, die Sie in jedem gut sortierten Supermarkt erhalten. Dabei müssen Sie auf nichts verzichten und können gleichzeitig Familie und Freunde mit abwechslungsreichen Weight Watchers Gerichten verwöhnen. Unsere Fertiggerichte und Snacks runden unser Angebot ab und sind eine gesunde und schnelle Alternative im stressigen Alltag.

Wie das Weight Watchers Programm funktioniert, schildern Ihnen Uwe auf Seite 106 – 107.

Wir wünschen Ihnen gutes Gelingen und guten Appetit!

*Ihr Weight Watchers Team*

# Die Weight Watchers Services auf einen Blick

**Weight Watchers Treffen**

Wöchentlich finden über 3.000 Treffen deutschlandweit statt. Davon über 800 an festen Standorten. Alles für die perfekte Atmosphäre. Damit Sie voller Motivation in Richtung Wunschgewicht durchstarten können. Sie haben Fragen? Dann rufen Sie uns unter 01802-60 40 40 gerne an.

(nur 6 Cent/Anruf aus dem dt. Festnetz, Mobilfunk höchstens 42 Cent/Minute.)

**Weight Watchers Online**

Lernen Sie den *ProPoints* ® Plan Schritt für Schritt kennen mit unseren schnellen und einfachen Anleitungen. Nutzen Sie die Online-Tools wie Computer, iPhone, iPad oder Android-Geräte, um Lebensmittel und Aktivitäten zu berechnen, Ihren Gewichtsverlauf zu dokumentieren, passende Rezepte oder Workout-Videos zu finden und vieles mehr.

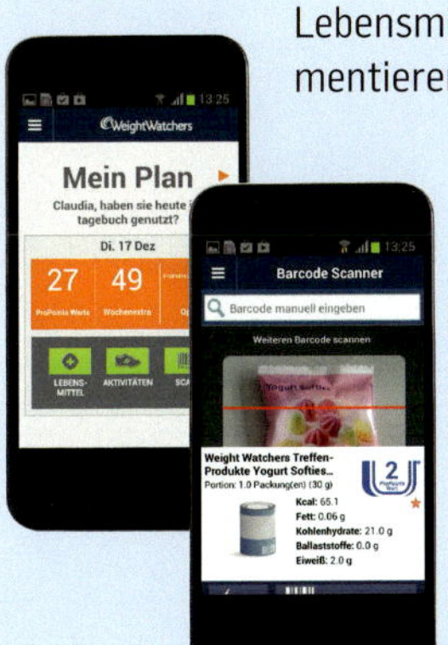


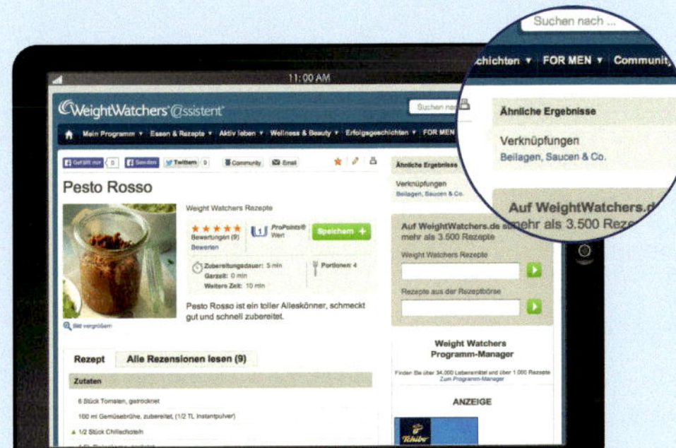


**www.weightwatchers.de**

# Rund um den Grill

## Kohle, Gas oder Elektro?

Grill ist nicht gleich Grill – welcher ist der richtige für Sie? Wir stellen Ihnen die gängigsten Grillgeräte vor.

**Holzkohlegrill**
Das Grillen mit Holzkohle gilt als die beste Möglichkeit, den typischen Barbecue-Geschmack zu erhalten. Beim Einheizen muss man allerdings etwas Geduld aufbringen. Klassische Holzkohle benötigt einige Zeit, bis sie heiß genug ist und eine weiße Schicht bildet. Kohlebriketts brauchen etwas länger als Holzkohle, dafür brennen sie aber gleichmäßiger und länger. Die meisten Grill-Modelle haben einen höhenverstellbaren Grillrost, um die Grilltemperatur zu regulieren.

**Gasgrill**
Gasgrills erfreuen sich steigender Beliebtheit. Meist lässt sich ihre Temperatur durch die Regulierung der Gaszufuhr steuern. Darüber hinaus sind Gasgrills einfacher zu reinigen als Holzkohlegrills. Neben Modellen, die sich eher für den Gebrauch im Garten oder auf der Terrasse eignen, gibt es Geräte, die mit Halterungen für kleine Gaskartuschen ausgestattet und somit perfekt für den mobilen Einsatz sind.

**Elektrogrill**
Auch Elektrogrills verfügen in der Regel über mehrere Temperaturstufen und sind schnell betriebsbereit. Ein weiterer Vorteil besteht darin, dass es sich bei Elektrogrills um die einzigen Grillgeräte handelt, die auch indoor verwendet werden können. Mit ihnen fallen Ihre Grillpläne nie ins Wasser, und Sie können bei schlechtem Wetter einfach auf Wohnraum oder Gartenpavillon ausweichen. Der Reinigungsaufwand von Elektrogrills ist vergleichbar mit dem von Gasgrills.

## So macht Grillen Spaß!

Was gibt es zu beachten, damit beim Grillen alles glatt läuft? Woran Sie denken sollten, bevor Sie loslegen, erfahren Sie in dieser Übersicht.

**Auf geht's!**
Zünden Sie den Holzkohlegrill nur mit geprüften Grillanzündern aus dem Fachhandel an, zum Beispiel mit speziellen Anzündwürfeln.

**Für mehr Aroma**
Gasgrills können wie Holzkohlegrills mit Räucherchips versehen werden, um das beliebte Barbecue-Aroma zu erzielen. Diese erhalten Sie mittlerweile in fast jedem Baumarkt. Spezielle Grillkräuter, die direkt auf die Glut gestreut werden, verleihen Fleisch und Fisch eine würzige Note. Ganz natürlich wird es mit frischen Kräuterzweigen (z. B. Majoran, Thymian, Rosmarin oder Oregano), die Sie auf Alufolie auf die Glut legen sollten, damit sie nicht sofort verbrennen.

**Schonend grillen**
Ganze Fische grillen Sie am besten in einer speziellen Fischzange, die das Wenden erleichtert. Sie bleiben schön saftig, wenn sie langsam am Rand des Rosts gegrillt werden. Fischfilets und Garnelen sowie zartes Obst und Gemüse garen am schonendsten auf Alu-Grillschalen oder in Alufolie verpackt. Fleisch und Geflügel können Sie direkt auf dem Rost grillen.

**Richtig warmhalten**
Fertig gegrilltes Fleisch lässt sich auf einem Holzkohlegrill am besten in Alufolie gewickelt am Rand des Rostes warmhalten, da es so nicht der direkten Hitze ausgesetzt ist und nachgart oder trocken wird. Gibt es dort wenig Platz, bietet es sich an, das Grillgut in einen Edelstahltopf mit Deckel zu legen.

**Immer vorsichtig**
Nach dem Grillen sollte die Kohle mit Sand gelöscht werden. Bei Grills, die über einen Deckel verfügen, genügt es, diesen zu schließen, um die Glut zu ersticken.

## So viel Zeit muss sein …

Damit Sie Gegrilltes genießen können, muss der Garpunkt stimmen. Mit den folgenden Tipps gelingt es Ihnen ganz leicht, Fisch, Fleisch und Geflügel saftig zu grillen.

Bei den in diesem Buch angegebenen Grillzeiten handelt es sich um Richtwerte. In der Regel garen die Gerichte auf einem Holzkohle- oder Gasgrill schneller als auf einem Elektrogrill. Die genaue Garzeit hängt sowohl von der Grilltemperatur als auch von der Dicke der Fleischstücke ab. Sie sollten daher regelmäßig prüfen, ob der gewünschte Garpunkt bereits erreicht ist. Es bietet sich besonders bei Steaks an, dicke Scheiben (ca. 3 cm) zu grillen, da diese schön saftig bleiben.

Sie können sich beim Grillen mit Holzkohle- oder Gasgrills nach den folgenden Zeitangaben richten:

**Fischfilets** (auf Aluschale),
**dickere Fleischstücke** (ca. 3 cm) und
**Steaks** oder **Hähnchenbrustfilets**:
ca. 5–10 Minuten von jeder Seite

**Burger** sowie
**dünnere Fleischstücke** (ca. 1 cm) wie
**Minutensteaks** und **-schnitzel:**
ca. 3–5 Minuten von jeder Seite

**Würstchen**: ca. 10 Minuten rundherum

# Fleisch & Geflügel

Hier kommen die Dauerbrenner! Steak, Würstchen und Schaschlik sind das beliebteste Grillgut und dürfen beim Grillen nicht fehlen. Entdecken Sie neben klassisch mariniertem Fleisch auch mal exotischere Kombinationen!

# Westernrindersteaks mit Backkartoffeln

**Fertig in:** 55 Minuten
**Davon aktiv:** 35 Minuten

**Für 4 Personen:**
**4** Ofenkartoffeln (à 200 g)
Salz
**1** Zwiebel
**3 TL** Pflanzenöl
**1 EL** Tomatenmark
**400 g** stückige Tomaten (Konserve)
**1 Prise** Zucker
**einige Tropfen** Worcestersauce
**einige Tropfen** Tabasco
**2** Frühlingszwiebeln
**150 g** Magerquark
**3 EL** kohlensäurehaltiges Mineralwasser
**600 g** Staudensellerie
**4** Rinderhüftsteaks (à 150 g)

pro Person
9 ProPoints Wert | 1790 kJ
428 kcal

**1.** Kartoffeln waschen und mit Schale in Salzwasser ca. 15 Minuten vorgaren. Backofen auf 220° C (Gas: Stufe 4, Umluft: 200° C) vorheizen. Kartoffeln abgießen, halbieren und auf ein mit Backpapier ausgelegtes Backblech legen. Im Backofen auf mittlerer Schiene ca. 30 Minuten fertig garen.

**2.** Für die Sauce Zwiebel schälen und würfeln. 1 Teelöffel Öl in einem Topf erhitzen und Zwiebelwürfel mit Tomatenmark darin ca. 2–3 Minuten andünsten. Mit Tomaten ablöschen und ca. 20 Minuten einkochen lassen. Sauce mit Zucker verfeinern und mit Worcestersauce, Tabasco und Salz abschmecken.

**3.** Für den Dip Frühlingszwiebeln waschen und in feine Ringe schneiden. Quark mit Mineralwasser glatt rühren, Frühlingszwiebelringe unterheben und mit Salz und Pfeffer würzen. Sellerie waschen und in große Stücke schneiden.

**4.** Steaks trocken tupfen, mit restlichem Öl bestreichen, salzen, pfeffern und auf dem Grill von jeder Seite ca. 5–10 Minuten grillen. Westernrindersteaks mit Sauce, Backkartoffeln, Selleriesticks und Dip servieren.

# Cheeseburger vom Grill

**Fertig in:** 30 Minuten
**Davon aktiv:** 20 Minuten

**Für 2 Personen:**
**1** Tomate
**2** Gewürzgurken
**200 g** Tatar
**1 EL** Röstzwiebeln
Salz
bunter Pfeffer
**1/4 TL** Paprikapulver
**2 Scheiben** Tilsiter, 30 % Fett i. Tr.
**2** Hamburgerbrötchen
**100 g** Frischkäse, bis 1 % Fett absolut
**2 EL** Ketchup
**2 Blätter** Kopfsalat

**1.** Tomate waschen und mit Gewürzgurken in Scheiben schneiden. Tatar mit Röstzwiebeln, Salz, Pfeffer und Paprikapulver verkneten, zu 2 flachen Burgern formen und auf dem Grill ca. 5 Minuten von jeder Seite grillen. Tilsiter auf die Burger legen, pfeffern und schmelzen lassen. Hamburgerbrötchen aufschneiden und auf dem Grill kurz rösten.

**2.** Frischkäse mit Ketchup verrühren und mit Salz und Pfeffer würzen. Kopfsalat waschen und trocken schütteln. Untere Brötchenhälfte mit Frischkäsecreme bestreichen, mit Kopfsalat, Tomaten- und Gurkenscheiben belegen, salzen, pfeffern und Burger daraufgeben. Mit oberer Brötchenhälfte abdecken und servieren.

pro Person
11 ProPoints Wert
1857 kJ
444 kcal

# Schweinesteaks süßsauer mit Mango

**Fertig in:** 50 Minuten
**Davon aktiv:** 20 Minuten

**Für 2 Personen:**
**4** Schweine-Minutensteaks (à 80 g)
**1 Stück** Ingwer (ca. 1 cm)
**1 kleine** rote Chilischote
**2–3 EL** Reisessig (ersatzweise Apfelessig)
**2 EL** Apfelsaft
**3 TL** Honig
Salz
**1** Mango
**2 EL** süßsaure Sauce

pro Person
5 ProPoints Wert
1219 kJ
291 kcal

**1.** Minutensteaks trocken tupfen. Ingwer schälen und fein hacken. Chilischote waschen, entkernen und würfeln. Für die Marinade Essig mit Apfelsaft, Honig, Ingwer, Chiliwürfeln und Salz verrühren.

**2.** Marinade und Minutensteaks in einen Gefrierbeutel geben, gut verkneten und im Kühlschrank ca. 30 Minuten marinieren. Mango schälen, das Fruchtfleisch vom Stein schneiden und in Scheiben schneiden.

**3.** Minutensteaks auf dem Grill ca. 3–5 Minuten von jeder Seite, Mangoscheiben ca. 2 Minuten grillen. Steaks mit Mangoscheiben und mit süßsaurer Sauce, nach Wunsch mit Petersilie garniert, servieren.

# Curry-Puten-Röllchen mit Ananas

**Fertig in:** 30 Minuten
**Davon aktiv:** 30 Minuten

**Für 2 Personen:**
**4 dünne** Putenschnitzel (à 70 g)
**3 EL** Frischkäse, bis 1 % Fett absolut
Salz
**1/4 TL** Currypulver
**150 g** Ananasstücke (Konserve, ohne Zucker)

pro Person
5 ProPoints Wert
828 kJ
198 kcal

**1.** Putenschnitzel abspülen, trocken tupfen und sehr dünn klopfen. Frischkäse mit Salz und Currypulver verrühren. Ananasstücke abtropfen lassen und gegebenenfalls kleiner schneiden.

**2.** Putenschnitzel mit Currycreme bestreichen, mit Ananasstücken belegen, aufrollen und mit Spießen fixieren. Curry-Puten-Röllchen auf dem Grill ca. 15 Minuten rundherum grillen und nach Wunsch mit Thymian garniert servieren.

## Dazu passt …

… der Caesar's Salad mit Croûtons von Seite 96. Der *ProPoints*® Wert pro Person erhöht sich auf 8.

# Mediterrane Kräuterschnitzel mit Pesto

**Fertig in:** 50 Minuten
**Davon aktiv:** 20 Minuten

**Für 2 Personen:**
**2** Schweineschnitzel (à 120 g)
**3 EL** Gemüsebrühe
(2 Prisen Instantpulver)
**1 TL** Olivenöl
**2 TL** gehackter Thymian
**2 TL** gehackter Oregano
Meersalz
**1 kleine** Knoblauchzehe
**30 g** Basilikum
**1 EL** geriebener Parmesan
**1 EL** Pinienkerne
**1 TL** Zitronensaft
grob gemahlener Pfeffer

**1.** Schweineschnitzel trocken tupfen. Für die Marinade 2 Esslöffel Brühe, Öl, je 1 Teelöffel Thymian und Oregano verrühren und mit Salz würzen. Marinade und Schweineschnitzel in einen Gefrierbeutel geben, gut verkneten und im Kühlschrank ca. 30 Minuten marinieren.

**2.** Für das Pesto Knoblauch grob hacken. Basilikum waschen, trocken schütteln und Blätter abzupfen. Mit restlichem Thymian und Oregano, Parmesan, Pinienkernen, Zitronensaft und restlicher Brühe pürieren. Pesto mit Salz und Pfeffer abschmecken. Kräuterschnitzel auf dem Grill ca. 10 Minuten von jeder Seite grillen und mit Pesto servieren.

pro Person
5 ProPoints Wert
907 kJ
217 kcal

# Hähnchen-Tandoorispieße mit Erdnussdip

**Fertig in:** 45 Minuten
**Davon aktiv:** 25 Minuten

**Für 2 Personen:**
**240 g** Hähnchenbrustfilet
**1 Stück** Ingwer (ca. 2 cm)
**1** Limette
**150 g** Magermilchjoghurt
**1–2 TL** Tandooripulver (ersatzweise Currypulver)
Salz
**200 g große** Broccoliröschen
**3 TL** Erdnusscreme
**100 g** Frischkäse, bis 1 % Fett absolut
**2–3 EL** kohlensäurehaltiges Mineralwasser
Pfeffer
**2 Prisen** gemahlener Koriander

pro Person
7 ProPoints Wert | 1156 kJ
276 kcal

**1.** Hähnchenbrustfilet abspülen, trocken tupfen und in Würfel schneiden. Ingwer schälen und reiben. Limette auspressen. Für die Marinade Joghurt mit Ingwer, 1 Esslöffel Limettensaft und Tandooripulver verrühren und mit Salz würzen.

**2.** Marinade und Hähnchenbrustwürfel in einen Gefrierbeutel geben, gut verkneten und im Kühlschrank ca. 20 Minuten marinieren. Broccoliröschen in Salzwasser ca. 5 Minuten vorgaren und abgießen.

**3.** Für den Dip Erdnusscreme mit Frischkäse und Mineralwasser verrühren. Mit Salz, Pfeffer und Koriander abschmecken. Hähnchenbrustwürfel und Broccoliröschen abwechselnd auf 4 Holzspieße stecken. Hähnchen-Tandoorispieße auf dem Grill ca. 10–15 Minuten rundherum grillen, nach Wunsch mit Koriander und Limettenscheiben garnieren und mit Erdnussdip servieren.

# Süß-scharfes Chilihähnchen mit Gurkenquark

**Fertig in:** 45 Minuten
**Davon aktiv:** 35 Minuten

**Für 2 Personen:**
**2** Hähnchenbrustfilets (à 120 g)
**1–2 TL** Sambal Oelek
**1/4 TL** Paprikapulver
**3 TL** Honig
**1** Knoblauchzehe
Salz
**1/2** unbehandelte Zitrone
**1/2** Salatgurke
**200 g** Magerquark
**1 TL** gehackter Koriander
Pfeffer

pro Person
5 ProPoints Wert | 974 kJ
233 kcal

**1.** Hähnchenbrustfilets abspülen und trocken tupfen. Für die Marinade Sambal Oelek, Paprikapulver und Honig verrühren. 1/2 Knoblauchzehe dazupressen und mit Salz würzen. Marinade und Hähnchenbrustfilets in einen Gefrierbeutel geben, gut verkneten und ca. 20 Minuten im Kühlschrank marinieren.

**2.** Für den Gurkenquark 1 Prise Zitronenschale abreiben. Gurke waschen, raspeln und mit Quark, Zitronenschale und Koriander verrühren. Restliche Knoblauchzehe dazupressen und mit Salz und Pfeffer abschmecken. Hähnchenbrustfilets auf dem Grill ca. 8–10 Minuten von jeder Seite grillen. Chilihähnchen nach Wunsch mit Rosmarin garnieren und mit Gurkenquark servieren.

## Servieren Sie dazu...

... ein alkoholfreies Apfel-Holunder-Bier. Dafür 1/2 Zitrone auspressen und den Saft mit 1 EL Holunderblütensirup und 100 ml Apfelsaft verrühren. Auf 2 Gläser verteilen, mit jeweils 125 ml alkoholfreiem Weizenbier auffüllen und mit je 4 Eiswürfeln servieren. Der *ProPoints*® Wert pro Person erhöht sich auf 7.

# Currywurst vom Spieß

**Fertig in:** 30 Minuten
**Davon aktiv:** 25 Minuten

**Für 2 Personen:**
**1** Rostbratwurst (100 g)
**1 kleine** Zwiebel
**1 kleine** grüne Paprika
**1 EL** Tomatenmark
**150 ml** Gemüsebrühe
(1/2 TL Instantpulver)
**1 Msp.** Chilipulver
Currypulver
Salz
**1 TL** Honig
**1 EL** dunkler Balsamicoessig
Pfeffer

pro Person
4 ProPoints Wert | 835 kJ
199 kcal

**1.** Bratwurst in Scheiben schneiden. Zwiebel schälen, Paprika waschen, entkernen und beides in Stücke schneiden. Bratwurstscheiben, Zwiebel- und Paprikastücke abwechselnd auf 2 Holzspieße stecken.

**2.** Für die Sauce Tomatenmark mit Brühe, Chilipulver und 1/2 Teelöffel Currypulver in einem Topf verrühren und mit Salz würzen. Spieße mit Sauce bestreichen. Restliche Sauce aufkochen und ca. 5 Minuten einkochen lassen.

**3.** Sauce mit Honig und Balsamicoessig verfeinern und mit Salz und Pfeffer abschmecken. Currywurstspieße auf dem Grill ca. 10 Minuten rundherum grillen, mit Sauce und mit Currypulver bestäubt servieren.

# Straußenmedaillons mit Salsa

**Fertig in:** 45 Minuten
**Davon aktiv:** 35 Minuten

**Für 2 Personen:**
**4** Straußenfiletmedaillons (à 60 g, ersatzweise 2 Putenschnitzel à 120 g)
**1 TL** Agavendicksaft (ersatzweise Honig)
**2 TL** Senf
**2 TL** Pflanzenöl
**1 EL** gehackte Petersilie
**5 EL** Gemüsebrühe (2 Prisen Instantpulver)
Salz
Pfeffer
**1** Frühlingszwiebel
**1** gelbe Paprika
**1** Knoblauchzehe
**1/2** Zitrone
**1 EL** gehackter Koriander
**1 TL** gehackte Minze
**1 Prise** Zucker

pro Person
4 ProPoints Wert
965 kJ
230 kcal

**1.** Straußenmedaillons abspülen und trocken tupfen. Für die Marinade Agavendicksaft mit Senf, 1 Teelöffel Öl, Petersilie und 1 Esslöffel Brühe verrühren. Mit Salz und Pfeffer würzen. Marinade und Straußenmedaillons in einen Gefrierbeutel geben, gut verkneten und im Kühlschrank ca. 20 Minuten marinieren.

**2.** Für die Salsa Frühlingszwiebel waschen und in feine Ringe schneiden. Paprika waschen, entkernen und fein würfeln. Knoblauch fein hacken. Restliches Öl in einer Pfanne erhitzen und Frühlingszwiebelringe, Paprikawürfel und Knoblauch darin ca. 2 Minuten dünsten. Zitronenhälfte auspressen und Zitronensaft mit Koriander, Minze und restlicher Brühe verquirlen. Paprikamischung zugeben und mit Salz, Pfeffer und Zucker würzen. Straußenmedaillons auf dem Grill ca. 5–10 Minuten von jeder Seite grillen und mit Salsa servieren.

# Gefüllte Tomaten-Mozzarella-Steaks

**Fertig in:** 40 Minuten
**Davon aktiv:** 30 Minuten

**Für 2 Personen:**
**2** getrocknete Tomaten, ohne Öl
**1 kleiner** Eisbergsalat
**1** rote Zwiebel
**75 ml** heiße Gemüsebrühe
(1/2 TL Instantpulver)
**1/2 Kugel** Mozzarella light
**2** Rinderhüftsteaks (à 150 g)
Meersalz
**1 TL** gehackte Pinienkerne
**1 TL** italienische Kräuter
**2 Becher Weight Watchers**
Dressing Balsamico (à 75 ml)
grob gemahlener Pfeffer

pro Person
7 ProPoints Wert | 1474 kJ
352 kcal

**1.** Getrocknete Tomaten in Brühe ca. 10 Minuten einweichen. Eisbergsalat waschen, trocken schleudern und in mundgerechte Stücke zerteilen. Zwiebel schälen, in Streifen schneiden und mit Salatstücken mischen. Mozzarella abtropfen lassen und in Scheiben schneiden. Rinderhüftsteaks trocken tupfen und flach klopfen. Tomaten abtropfen lassen und in Streifen schneiden.

**2.** Steaks salzen, mit Tomatenstreifen und Mozzarellascheiben belegen und mit Pinienkernen und Kräutern bestreuen. Steaks zusammenklappen, mit Holzspießen verschließen und auf dem Grill in einer Aluschale ca. 5–10 Minuten von jeder Seite grillen. Salat mit Dressing mischen. Steaks mit Salz und Pfeffer würzen und nach Wunsch mit Petersilie garniert servieren.

## Probieren Sie zu dem Salat ...

... auch mal das **Weight Watchers** Frisches Joghurt Dressing mit Zitronennote.

# Lammspieße mit Honigmarinade

**Fertig in:** 40 Minuten
**Davon aktiv:** 25 Minuten

**Für 2 Personen:**
**240 g** Lammlachse
**1 TL** Honig
**1 TL** Pflanzenöl
**2 EL** Gemüsebrühe
(2 Prisen Instantpulver)
Salz
**2 Msp.** gemahlener Rosmarin
**2 Msp.** Currypulver
**2 Prisen** Zimtpulver
**2 Prisen** Cayennepfeffer
**150 g** Magermilchjoghurt
**1 TL** gehackter Thymian
**1 kleine** Knoblauchzehe
Pfeffer

**1.** Lammlachse trocken tupfen und längs in Streifen schneiden. Für die Marinade Honig, Öl und Brühe verrühren. Mit Salz, Rosmarin, Curry-, Zimtpulver und Cayennepfeffer würzen. Lammstreifen spiralförmig auf 8 Holzspieße stecken, mit der Marinade bestreichen und im Kühlschrank ca. 10 Minuten marinieren.

**2.** Für den Dip Joghurt mit Thymian verrühren. Knoblauch dazupressen und mit Salz und Pfeffer abschmecken. Lammspieße auf dem Grill ca. 10 Minuten rundherum grillen und mit Dip servieren.

pro Person
6 ProPoints® Wert
901 kJ
215 kcal

## Dazu passt ...

... der Wassermelonensalat mit Schafskäse von Seite 99. Der *ProPoints*® Wert pro Person erhöht sich auf 10.

# Putenschnitzel auf Rucola-Papaya-Salat

**Fertig in:** 25 Minuten
**Davon aktiv:** 15 Minuten

**Für 4 Personen:**
**250 g** Rucola
**3 kleine** Papayas
(ersatzweise 1 Honigmelone)
**1 TL** körniger Senf
**1–2 EL** Weißweinessig
**150 ml** Gemüsebrühe
(1/2 TL Instantpulver)
**1 TL** Honig
Salz
Pfeffer
**4** Putenschnitzel (à 120 g)
**2 TL** Pflanzenöl
Paprikapulver
**4 Scheiben** Schwarzbrot

pro Person 7 ProPoints Wert | 1357 kJ
324 kcal

**1.** Rucola waschen und trocken schleudern. Papayas schälen, halbieren, Kerne mit einem Löffel entfernen und Papayas würfeln. Für das Dressing Senf mit Essig, Brühe und Honig verquirlen. Mit Salz und Pfeffer abschmecken. Rucola, Papayawürfel und Dressing mischen.

**2.** Putenschnitzel abspülen, trocken tupfen und halbieren. Öl mit Paprikapulver verrühren und mit Salz und Pfeffer abschmecken. Putenschnitzel mit dem Öl bestreichen und auf dem Grill ca. 5 Minuten von jeder Seite grillen.

**3.** Schwarzbrotscheiben kurz toasten. Rucola-Papaya-Salat mit Putenschnitzeln und Schwarzbrot servieren. Nach Wunsch mit rosa Pfefferbeeren garnieren.

# Hähnchenbrustfilet mit Kichererbsencreme

**Fertig in:** 35 Minuten
**Davon aktiv:** 25 Minuten

**Für 4 Personen:**
**6** Karotten
**2 Stangen** Staudensellerie
**1** gelbe Paprika
**1 Bund** glatte Petersilie
**200 g** Kichererbsen (Konserve)
**3 EL** Magerquark
**150 g** Magermilchjoghurt
**2 TL** Zitronensaft
**1/2 TL** Kreuzkümmel
Salz
Pfeffer
Paprikapulver
**4** Hähnchenbrustfilets (à 120 g)

pro Person
5 ProPoints Wert | 1247 kJ
298 kcal

**1.** Karotten schälen, Sellerie waschen und beides in Stifte schneiden. Paprika waschen, entkernen und in Streifen schneiden. Petersilie waschen, trocken schütteln und hacken. Kichererbsen abspülen, abtropfen lassen, pürieren und mit Quark, Joghurt, Zitronensaft und Kreuzkümmel verrühren. Mit Salz, Pfeffer und Paprikapulver würzen. Petersilie unterheben.

**2.** Hähnchenbrustfilets abspülen, trocken tupfen, salzen und pfeffern. Hähnchenbrustfilet auf dem Grill ca. 5–10 Minuten von jeder Seite grillen. Mit Karotten-, Selleriestiften und Paprikastreifen zur Kichererbsencreme servieren. Nach Wunsch mit Cocktailtomaten, rosa Pfefferbeeren und frischen Kräutern garnieren.

# Bierbratwürste mit Senfdip

**Fertig in:** 2 Stunden 20 Minuten
**Davon aktiv:** 20 Minuten

**Für 2 Personen:**
**1 kleine** Zwiebel
**150 ml** Bier
**1** Lorbeerblatt
Salz
**5** Pfefferkörner
**2** Rostbratwürste (à 90 g)
**1 EL** Senf
**1 Msp.** Paprikapulver
**1 TL** Aprikosenkonfitüre
Pfeffer

**1.** Zwiebel schälen und in Ringe schneiden. Bier mit Zwiebelringen, Lorbeerblatt, Salz und Pfefferkörnern aufkochen und abkühlen lassen. Bratwürste diagonal einschneiden, mit Biersud in einen Gefrierbeutel geben und im Kühlschrank ca. 2 Stunden marinieren.

**2.** Für den Dip Senf mit Paprikapulver, Aprikosenkonfitüre und Pfeffer verrühren. Bratwürste abtropfen lassen und auf dem Grill ca. 10 Minuten rundherum grillen. Bierbratwürste mit Senfdip servieren.

pro Person 8 ProPoints® Wert | 1336 kJ 319 kcal

# Ajvarsteaks mit Tomaten-Paprika-Dip

**Fertig in:** 50 Minuten
**Davon aktiv:** 30 Minuten

**Für 2 Personen:**
**2** Rinderhüftsteaks (à 150 g)
**1 kleine** Knoblauchzehe
**1 TL** Ajvar
**2 EL** Gemüsebrühe
(1 Prise Instantpulver)
Salz
**1 Msp.** Paprikapulver
**1** grüne Paprika
**1** Schalotte
**2 TL** Pflanzenöl
**200 ml** Tomatensaft
Pfeffer
**1 TL** Honig
**1 TL** gehackter Majoran

**1.** Rinderhüftsteaks trocken tupfen. Für die Marinade Knoblauch pressen und mit Ajvar, Brühe, Salz und Paprikapulver verrühren. Marinade und Rinderhüftsteaks in einen Gefrierbeutel geben, gut verkneten und im Kühlschrank ca. 20 Minuten marinieren.

**2.** Für den Dip Paprika waschen und entkernen. Schalotte schälen und mit Paprika in feine Würfel schneiden. Öl in einem Topf erhitzen und Schalotten- und Paprikawürfel darin ca. 5 Minuten dünsten. Mit Tomatensaft ablöschen und ca. 10 Minuten einkochen lassen. Mit Salz, Pfeffer, Honig und Majoran würzen. Ajvarsteaks auf dem Grill ca. 5–10 Minuten von jeder Seite grillen und mit Dip servieren.

pro Person 5 ProPoints® Wert | 1184 kJ 283 kcal

## Sie können die Hüftsteaks ...

... auch durch 2 Hähnchenbrustfilets (à 120 g) ersetzen. Der *ProPoints*® Wert pro Person reduziert sich auf 4.

# Gyrosschnitzel mit Spitzkohl-Paprika-Salat

**Fertig in:** 30 Minuten
**Davon aktiv:** 25 Minuten

**Für 4 Personen:**
**1** Spitzkohl (ca. 1 kg)
Salz
Pfeffer
**1 Glas** Tomatenpaprikastreifen (165 g Abtropfgewicht)
**4 EL** Paprikasud
**1 TL** Senf
**1/2 TL** Kümmel
**4** Schweineschnitzel (à 200 g)
**2 TL** Gyrosgewürz
**1 EL** Pflanzenöl
**4 Ecken** Fladenbrot

pro Person
9 ProPoints Wert
1780 kJ
425 kcal

**1.** Kohl putzen, vierteln, den Strunk entfernen und Kohl in Streifen schneiden. Kohlstreifen in kochendem Salzwasser ca. 5 Minuten blanchieren. Tomatenpaprikastreifen abtropfen und 4 Esslöffel Sud auffangen. Kohlstreifen abgießen und mit Tomatenpaprikastreifen, Sud, Senf und Kümmel verrühren. Salat mit Salz und Pfeffer abschmecken.

**2.** Schnitzel trocken tupfen. Gyrosgewürz mit Öl verrühren und Schnitzel damit einreiben. Gyrosschnitzel auf dem Grill ca. 3 Minuten von jeder Seite grillen. Fladenbrot auf dem Grill kurz rösten. Gyrosschnitzel mit Spitzkohl-Paprika-Salat und Fladenbrot servieren.

# Frikandel-Hot-Dogs

**Fertig in:** 30 Minuten
**Davon aktiv:** 30 Minuten

**Für 2 Personen:**
1 Zwiebel
**200 g** Tatar
1 Eigelb
**1 Msp.** Paprikapulver
Salz
Pfeffer
2 Gewürzgurken
**2 EL** saure Sahne
**1 TL** Senf
**1 TL** Honig
**1 Msp.** Cayennepfeffer
**1 Msp.** Currypulver
2 Hot-Dog-Brötchen
**2 EL** Ketchup

pro Person
10® ProPoints Wert | 1598 kJ
382 kcal

**1.** Zwiebel schälen und in kleine Würfel schneiden. Die Hälfte der Zwiebelwürfel mit Tatar, Eigelb, Paprikapulver, Salz und Pfeffer verkneten. Masse zu 2 länglichen Frikadellen (Frikandeln) formen.

**2.** Gewürzgurken in Scheiben schneiden. Für die Sauce saure Sahne mit Senf, Honig, Salz, Cayennepfeffer und Currypulver verrühren. Frikandel auf dem Grill ca. 5–10 Minuten rundherum grillen. Hot-Dog-Brötchen aufschneiden und auf dem Grill kurz rösten.

**3.** Frikandel in die Hot-Dog-Brötchen geben, Sauce, Ketchup und Gewürzgurkenscheiben darauf verteilen und mit restlichen Zwiebelwürfeln bestreuen. Nach Wunsch mit Currypulver bestäubt servieren.

# Hähnchen-Mango-Spieße

**Fertig in:** 30 Minuten
**Davon aktiv:** 30 Minuten

**Für 6 Personen:**
**2** reife Mangos
**1** Ananas
**480 g** Hähnchenbrustfilet
**2 EL** Pflanzenöl
**3 EL** Limettensaft
**2 TL** Honig
**2 EL** Kokosraspel
Salz
Pfeffer

pro Person
4 ProPoints Wert
995 kJ
238 kcal

**1.** Mangos schälen und Fruchtfleisch vom Stein schneiden. Ananas schälen, vierteln und den Strunk entfernen. Hähnchenbrustfilet abspülen und trocken tupfen, mit Obst würfeln und abwechselnd auf 24 kleine Holzspieße stecken.

**2.** Für die Marinade Öl mit Limettensaft, Honig und Kokosraspeln verrühren, salzen und pfeffern. Schnitzelspieße mit der Marinade bestreichen, auf dem Grill ca. 10–12 Minuten rundherum grillen und servieren.

## Hierzu passt …

… das Curry-Ananas-Chutney von Seite 103.

# Barbecue-Rinderhüftsteaks

**Fertig in:** 40 Minuten
**Davon aktiv:** 15 Minuten

**Für 2 Personen:**
**1** Schalotte
**2 TL** Pflanzenöl
**1 kleine** Knoblauchzehe
**1 TL** Tomatenmark
**1 TL** Zuckerrübensirup
**125 ml** passierte Tomaten
**2 EL** Worcestersauce
**einige Tropfen** Tabasco
**1 EL** Sojasauce
**1/2 TL** Senf
Meersalz
**2** Rinderhüftsteaks (à 150 g)
bunter Pfeffer

**1.** Für die Sauce Schalotte schälen und in feine Würfel schneiden. Öl in einem Topf erhitzen und Schalottenwürfel darin glasig dünsten. Knoblauch dazupressen, Tomatenmark zugeben und ca. 2–3 Minuten anbraten. Zuckerrübensirup zufügen und schmelzen lassen.

**2.** Mit Tomaten ablöschen, mit Worcestersauce, Tabasco, Sojasauce, Senf und Salz würzen und ca. 15 Minuten unter gelegentlichem Rühren einkochen lassen. Rinderhüftsteaks trocken tupfen. Steaks auf dem Grill ca. 5–10 Minuten von jeder Seite grillen und mit Salz und Pfeffer würzen. Nach Wunsch mit Thymian garnieren und mit Barbecuesauce servieren.

pro Person 5 ProPoints® Wert | 1145 kJ 273 kcal

## Dazu passt ...

... je eine Scheibe Baguette. Der *ProPoints*® Wert pro Person erhöht sich auf 7.

# Kalbsspieße mit Kartoffeln

**Fertig in:** 35 Minuten
**Davon aktiv:** 30 Minuten

**Für 2 Personen:**
**200 g** Drillinge (kleine Kartoffeln)
Salz
**240 g** Kalbsfilet
**200 g** Magerquark
**2 EL** kohlensäurehaltiges Mineralwasser
**1 EL** gemischte gehackte Kräuter (z. B. Thymian, Petersilie, Dill)
Pfeffer
**1/2 TL** Paprikapulver
**1/2 Zweig** Rosmarin
**1** Knoblauchzehe
**1/2** Zitrone
**1 TL** Olivenöl

pro Person
7 ProPoints Wert | 1264 kJ
302 kcal

**1.** Kartoffeln waschen und mit Schale in Salzwasser ca. 15 Minuten vorgaren. Kalbsfilet trocken tupfen und in Würfel schneiden. Für den Dip Quark mit Mineralwasser und Kräutern verrühren und mit Salz, Pfeffer und 1/4 Teelöffel Paprikapulver würzen.

**2.** Für die Marinade Rosmarin waschen, trocken schütteln, die Nadeln abzupfen und grob hacken. Knoblauch pressen und Zitronenhälfte auspressen. 2 Esslöffel Zitronensaft mit Knoblauch, Rosmarin und Öl verrühren und mit Salz, Pfeffer und restlichem Paprikapulver würzen.

**3.** Kartoffeln abgießen und in Stücke schneiden. Kalbsfiletwürfel und Kartoffelstücke abwechselnd auf 4 Metallspieße stecken. Spieße auf dem Grill ca. 10 Minuten rundherum grillen, zwischendurch mehrfach mit Rosmarinmarinade bestreichen und mit Dip servieren.

# Hähnchenschenkel mit Honigmarinade

**Fertig in:** 2 Stunden 40 Minuten
**Davon aktiv:** 30 Minuten

**Für 8 Personen:**
**16** Hähnchenunterschenkel, ohne Haut (à 110 g)
**80 g** Honig
**2 EL** Sojasauce
**2 EL** Orangensaft
**1 EL** dunkler Balsamicoessig
Salz
grob gemahlener Pfeffer

pro Person
6 ProPoints Wert | 1011 kJ
241 kcal

**1.** Hähnchenunterschenkel abspülen und trocken tupfen. Für die Marinade Honig mit Sojasauce, Orangensaft und Balsamicoessig verquirlen. Kräftig mit Salz und Pfeffer würzen. Hähnchenunterschenkel mit der Marinade einstreichen und im Kühlschrank ca. 2 Stunden ziehen lassen.

**2.** Hähnchenunterschenkel aus der Marinade nehmen. Auf dem Grill ca. 30 Minuten grillen, dabei regelmäßig wenden und mit restlicher Marinade einstreichen. Hähnchenschenkel nach Wunsch mit Limettenspalten und Petersilie garniert servieren.

## Servieren Sie dazu ...

... den Spargel-Erdbeer-Salat mit grünem Pfeffer von Seite 95. Der *ProPoints*® Wert pro Person erhöht sich auf 10.

# Fisch & Meerestiere

Aromatischer Lachs, zarte Kabeljaufilets und fruchtige Garnelenspieße sind nur einige Beispiele dafür, was dieses Kapitel alles zu bieten hat. Maritime Rezepte mit dem gewissen Extra, das ihnen nur der Grill verleihen kann.

# Senflachs mit Dillsauce

**Fertig in:** 30 Minuten
**Davon aktiv:** 20 Minuten

**Für 2 Personen:**
**2** Lachsfilets (à 125 g)
**3 TL** Dijonsenf
**1 EL** körniger Senf
Salz
**1 EL** Gemüsebrühe
(1 Prise Instantpulver)
**125 g** Magermilchjoghurt
**2 EL** Crème légère
**1 TL** Honig
**1 EL** gehackter Dill
**einige Tropfen** Zitronensaft
Pfeffer

1. Lachsfilets abspülen und trocken tupfen. Für die Marinade 2 Teelöffel Dijonsenf, körnigen Senf und Salz mit Brühe verrühren. Lachsfilets damit einpinseln.

2. Für die Sauce Joghurt mit Crème légère, restlichem Senf, Honig, Dill und Zitronensaft verrühren und mit Salz und Pfeffer abschmecken. Lachsfilets auf dem Grill in einer Aluschale ca. 10 Minuten von jeder Seite grillen. Nach Wunsch mit Zitronenspalten und rosa Pfefferbeeren garnieren und mit Dillsauce servieren.

pro Person
9 ProPoints® Wert
1382 kJ
330 kcal

## Dazu passt...

... je 1 Scheibe Baguette. Der *ProPoints*® Wert pro Person erhöht sich auf 11.

# Kabeljaufilets mit Kräutersauce

**Fertig in:** 40 Minuten
**Davon aktiv:** 30 Minuten

**Für 2 Personen:**
**2** Kabeljaufilets (à 125 g)
**1/2 Bund** Frühlingszwiebeln
**1** Zitrone
**1–2 TL** Fenchelsamen
**1 TL** gehackte Zitronenmelisse
**1 TL** Rapsöl
Meersalz
grob gemahlener Pfeffer
**200 g** fettarmer Joghurt
**2 EL** gemischte gehackte Kräuter (z. B. Thymian, Petersilie, Dill)
Paprikapulver

pro Person
4 ProPoints Wert
865 kJ
207 kcal

**1.** Kabeljaufilets abspülen und trocken tupfen. Frühlingszwiebeln waschen und in Ringe schneiden. Zitrone auspressen. Für die Marinade 2 Esslöffel Zitronensaft mit Frühlingszwiebelringen, Fenchelsamen, Zitronenmelisse und Rapsöl verrühren. Mit Salz und Pfeffer würzen.

**2.** Kabeljaufilets mit der Marinade bestreichen und im Kühlschrank ca. 10 Minuten marinieren. Für die Sauce Joghurt mit Kräutern verrühren und mit Salz, Pfeffer und Paprikapulver abschmecken. Kabeljaufilets auf dem Grill in einer Aluschale ca. 5–10 Minuten von jeder Seite grillen. Nach Wunsch mit Frühlingszwiebelringen und Zitronenmelisse garnieren und mit der Kräutersauce servieren.

# Nektarinen-Garnelen-Spieße mit Joghurtdip

**Fertig in:** 25 Minuten
**Davon aktiv:** 15 Minuten

**Für 2 Personen:**
**200 g** küchenfertige Garnelen
**2** Nektarinen
**1** unbehandelte Zitrone
**2 TL** Olivenöl
Salz
grob gemahlener Pfeffer
**1/4 TL** Paprikapulver
**1/4 TL** Chiliflocken
**250 g** fettarmer Joghurt
**1 TL** Honig
**1 TL** gehackte Minze

pro Person
5 ProPoints Wert
1158 kJ
277 kcal

1. Garnelen abspülen und trocken tupfen. Nektarinen waschen, halbieren, die Steine entfernen und Nektarinen in Spalten schneiden. Zitronenschale abreiben und Zitrone auspressen.

2. Für die Marinade 2 Esslöffel Zitronensaft mit 1 Teelöffel Zitronenschale und Öl verrühren und mit Salz, Pfeffer, Paprikapulver und Chiliflocken würzen. Garnelen und Nektarinenspalten abwechselnd auf 6 Holzspieße stecken, mit der Marinade bestreichen und im Kühlschrank ca. 10 Minuten marinieren.

3. Für den Dip Joghurt mit 1 Esslöffel Zitronensaft, Honig und Minze verrühren und mit Salz und Pfeffer abschmecken. Nektarinen-Garnelen-Spieße auf dem Grill ca. 3–5 Minuten rundherum grillen, nach Wunsch mit Limettenhälften garnieren und mit Joghurtdip servieren.

# Doraden vom Grill

**Fertig in:** 30 Minuten
**Davon aktiv:** 10 Minuten

**Für 2 Personen:**
**2** küchenfertige Doraden, à 350 g (verzehrbarer Anteil 140 g)
Salz
**1** Tomate
**4** Frühlingszwiebeln
**2 Zweige** Rosmarin
**2 Stängel** Zitronenmelisse
grob gemahlener Pfeffer
**125 g** Magermilchjoghurt
**3 EL** Salatcreme, bis 20 % Fett
**1 TL** Zitronensaft
**1 TL** Tafelmeerrettich (Glas)

pro Person
7 ProPoints® Wert
1210 kJ
289 kcal

**1.** Doraden abspülen, trocken tupfen und mit Salz einreiben. Tomate und Frühlingszwiebeln waschen. Tomate in Scheiben und Frühlingszwiebeln in Ringe schneiden. Rosmarin und Zitronenmelisse waschen und trocken schütteln. Doraden mit Tomatenscheiben, Frühlingszwiebelringen, Rosmarin und Zitronenmelisse füllen.

**2.** Doraden auf je 1 Stück Alufolie (ca. 25 x 30 cm) legen, mit Pfeffer würzen und zu einem Päckchen verschließen. Für die Creme Joghurt mit Salatcreme, Zitronensaft und Meerrettich verrühren und mit Salz und Pfeffer würzen. Doraden auf dem Grill ca. 20 Minuten grillen, nach Wunsch mit Zitronenspalten garnieren und mit Zitronen-Meerrettich-Creme servieren.

## Als schnelle Beilage ...

... servieren Sie den **Weight Watchers** Nudelsalat mit Ei und Erbsen. Der *ProPoints*® Wert pro Person erhöht sich auf 10.

# Lachs auf Blattspinat

**Fertig in:** 40 Minuten
**Davon aktiv:** 20 Minuten

**Für 2 Personen:**
**400 g** Blattspinat (TK)
**1** Schalotte
**1** Knoblauchzehe
**1** unbehandelte Zitrone
Salz
Pfeffer
**2** Lachsfilets (à 125 g)

pro Person
7 ProPoints Wert
1259 kJ
301 kcal

**1.** Spinat auftauen lassen und ausdrücken. Schalotte schälen und in Ringe, Knoblauch in Scheiben schneiden. Zitrone in Spalten schneiden. Spinat auf 2 Stücke Alufolie (je ca. 25 x 25 cm) verteilen, Schalottenringe, Knoblauchscheiben und Zitronenspalten daraufgeben und mit Salz und Pfeffer würzen.

**2.** Lachsfilets abspülen, trocken tupfen und mit Salz und Pfeffer würzen. Je 1 Filet auf den Spinat legen und Päckchen gut verschließen. Lachspäckchen auf dem Grill ca. 20 Minuten grillen und servieren.

# ← Jakobsmuschelspieße mit Kaki-Kokos-Dip

**Fertig in:** 25 Minuten
**Davon aktiv:** 25 Minuten

**Für 2 Personen:**
**1 kleine** Zucchini (ca. 100 g)
**8** küchenfertige Jakobsmuscheln
**1** Limette
**1** reife Kaki
(ersatzweise 2 Nektarinen)
**4 EL** Kokosmilch
**1/2 TL** Chilipulver
Meersalz
grob gemahlener Pfeffer

pro Person 4 ProPoints Wert
792 kJ
189 kcal

**1.** Zucchini waschen und mit einem Sparschäler oder einem Messer längs in dünne Streifen schneiden. Jakobsmuscheln abspülen und trocken tupfen. Limette auspressen. Jakobsmuscheln mit 1 Teelöffel Limettensaft beträufeln und mit je 1 Zucchinistreifen umwickeln. Je 2 Jakobsmuscheln auf 1 kleinen Holzspieß stecken.

**2.** Für den Dip Kaki schälen und das Fruchtfleisch grob würfeln. Mit Kokosmilch, restlichem Limettensaft und Chilipulver pürieren und mit Salz abschmecken. Jakobsmuschelspieße auf dem Grill ca. 2–3 Minuten rundherum grillen und mit Salz und Pfeffer würzen. Mit Kaki-Kokos-Dip und nach Wunsch mit Basilikum garniert servieren.

# Scharfe Garnelenspieße

**Fertig in:** 30 Minuten
**Davon aktiv:** 30 Minuten

**Für 2 Personen:**
**2–3 TL** Harissa
**2 EL** Sojasauce
**1 TL** Honig
**1 TL** Pflanzenöl
**150 g** küchenfertige Garnelen
**1 kleine** Papaya
**2 EL** Orangensaft
**1 Msp.** Chilipulver
**1 TL** gehacktes Basilikum
Salz
Pfeffer

pro Person 2 ProPoints Wert
627 kJ
150 kcal

**1.** Für die Marinade Harissa mit Sojasauce, Honig und Öl verrühren. Garnelen abspülen, trocken tupfen und auf 4 Holzspieße stecken. Mit der Marinade bestreichen und ca. 10 Minuten marinieren.

**2.** Für den Dip Papaya schälen, halbieren, Kerne mit einem Löffel entfernen und Papaya grob würfeln. Mit Orangensaft und Chilipulver pürieren, Basilikum unterrühren und mit Salz und Pfeffer abschmecken. Garnelenspieße auf dem Grill ca. 3–5 Minuten rundherum grillen, salzen und mit Papayadip servieren.

# Sesamtunfisch vom Grill

**Fertig in:** 25 Minuten
**Davon aktiv:** 15 Minuten

**Für 2 Personen:**
**1** Limette
**3 TL** Tahina (Sesampaste)
**1 TL** Honig
**1 EL** Gemüsebrühe
(1 Prise Instantpulver)
**1 TL** Sesamöl
(ersatzweise Pflanzenöl)
Salz
grob gemahlener Pfeffer
**1 Msp.** Kreuzkümmel
**2 TL** gehackter Koriander
**2** Tunfischfilets (à 125 g)
**2** Karotten
**150 g** Cocktailtomaten
**125 g** fettarmer Joghurt
**1 Prise** Zucker

pro Person
10 ProPoints Wert
1846 kJ
441 kcal

1. Für die Marinade Limette auspressen und 2 Esslöffel Limettensaft mit Tahina, Honig, Brühe, Öl, Salz, Pfeffer, Kreuzkümmel und 1 Teelöffel Koriander verrühren.

2. Tunfischfilets abspülen, trocken tupfen, mit der Marinade bestreichen und im Kühlschrank ca. 10 Minuten marinieren.

3. Karotten schälen und in dünne Scheiben schneiden oder hobeln. Cocktailtomaten waschen, halbieren und mit Karottenscheiben mischen. Für das Dressing Joghurt mit 1–2 Teelöffeln Limettensaft und restlichem Koriander verrühren und mit Salz, Pfeffer und Zucker würzen. Salat mit Dressing mischen.

4. Sesamtunfisch auf dem Grill ca. 3–5 Minuten von jeder Seite grillen, mit Salat und nach Wunsch mit Limettenscheiben garniert servieren.

### Tahina, ...

... eine Paste aus fein gemahlenen Sesamkörnern, finden Sie in gut sortierten Supermärkten oder Bioläden.

# Seelachs-Saté

**Fertig in:** 15 Minuten
**Davon aktiv:** 15 Minuten

**Für 2 Personen:**
**300 g** Seelachsfilet
**1 EL** Sojasauce
**1 TL** Pflanzenöl
**2 Msp.** Chiliflocken
Salz
Pfeffer

pro Person 3 ProPoints Wert® | 606 kJ 145 kcal

1. Seelachsfilet abspülen, trocken tupfen, in dünne Streifen schneiden und wellenförmig auf 6 Holzspieße stecken. Für die Marinade Sojasauce mit Öl, Chiliflocken, Salz und Pfeffer verrühren. Seelachs-Saté mit der Marinade bestreichen und auf dem Grill ca. 2–3 Minuten von jeder Seite grillen.

## Dazu schmeckt ...

... ein leckerer Paprikacouscous. Dafür je 1 rote, gelbe und grüne Paprikaschote waschen, entkernen und in Würfel schneiden. 100 g trockenen Couscous mit Paprikawürfeln in 300 ml Gemüsebrühe (1 TL Instantpulver) ca. 10 Minuten garen. Couscous mit 2 EL Sojasauce, Salz und Pfeffer abschmecken und zu den Seelachs-Saté servieren. Der *ProPoints*® Wert pro Person erhöht sich auf 8.

# Tunfisch mit Chili-Kräuter-Sauce

**Fertig in:** 40 Minuten
**Davon aktiv:** 25 Minuten

**Für 4 Personen:**
**1** Schalotte
**1 große** grüne Chilischote
**1** Knoblauchzehe
**1 großes Bund** glatte Petersilie
**4 Zweige** Thymian
**4 Zweige** Oregano
**1 EL** Weißweinessig
**4 TL** Pflanzenöl
Meersalz
grob gemahlener Pfeffer
**4** Tunfischfilets (à 125 g)

pro Person
8 ProPoints Wert
1418 kJ
339 kcal

**1.** Schalotte schälen. Chilischote waschen, entkernen und mit Schalotte in Würfel schneiden. Knoblauch pressen. Petersilie, Thymian und Oregano waschen, trocken schütteln und hacken. Schalotten- und Chilischotenwürfel mit Knoblauch, Kräutern, Essig und Öl verrühren. Sauce mit Salz und Pfeffer kräftig würzen und im Kühlschrank ca. 30 Minuten ziehen lassen. Chili-Kräuter-Sauce grob pürieren.

**2.** Tunfischfilets abspülen und trocken tupfen. Mit Salz und Pfeffer würzen und auf dem Grill ca. 3–5 Minuten von jeder Seite grillen. Tunfisch mit Chili-Kräuter-Sauce und nach Wunsch mit Thymian und Zitronenspalten garniert servieren.

# Gemüse & Obst

Grillen mal anders – Genuss mit leckeren Gemüsespießen und frischen Früchten vom Grill. Die einen sind herzhafte Gerichte, die anderen süßer Nachtisch.

# Maiskolben mit Bärlauchbrot

**Fertig in:** 45 Minuten
**Davon aktiv:** 35 Minuten

**Für 4 Personen:**
**1/4 Würfel** Hefe
**75 ml** lauwarmes Wasser
**130 g** Mehl
**3 TL** Olivenöl
Salz
**1** Zwiebel
**500 g** stückige Tomaten (Konserve)
**1 TL** grünes Pesto
**1 TL** Honig
**1 EL** gehacktes Basilikum
Pfeffer
**20 g** Bärlauch (ersatzweise Rucola)
**2** Maiskolben à 250 g (verzehrbarer Anteil 165 g, vakuumverpackt)

pro Person
6 ProPoints® Wert
1135 kJ
271 kcal

1. Hefe in Wasser auflösen, mit Mehl, 1 Teelöffel Öl und 1/2 Teelöffel Salz zu einem glatten Teig verkneten. Teig zugedeckt an einem warmen Ort ca. 30 Minuten gehen lassen.

2. Für den Dip Zwiebel schälen und würfeln. 1 Teelöffel Öl in einer Pfanne erhitzen und Zwiebelwürfel darin glasig andünsten. Mit Tomaten ablöschen und ca. 10 Minuten einkochen lassen. Mit Pesto, Honig und Basilikum verfeinern und mit Salz und Pfeffer würzen.

3. Bärlauch waschen, trocken schütteln und fein hacken. Hefeteig mit Bärlauch gut durchkneten, zu 4 dünnen Fladen formen und auf dem Grill auf Alufolie ca. 10 Minuten von jeder Seite grillen. Maiskolben halbieren, mit restlichem Öl bestreichen, mit Salz und Pfeffer würzen und auf dem Grill ca. 8 Minuten rundherum grillen. Maiskolben mit Bärlauchbrot und Dip servieren.

## Statt Bärlauch …

… können Sie auch Rucola verwenden. Der *ProPoints*® Wert pro Person ändert sich nicht.

# Grillgemüse mit Quarkcreme

**Fertig in:** 30 Minuten
**Davon aktiv:** 20 Minuten

**Für 2 Personen:**
**1 kleine** Aubergine (ca. 200 g)
Salz
**125 g** Magerquark
**1 TL** Ajvar
**2 EL** Kidneybohnen (Konserve)
**1/2 TL** Chiliflocken
Pfeffer
**3** Schalotten
**1 EL** dunkler Balsamicoessig
**1 TL** gehackter Thymian
**2 kleine** Zucchini
**1 kleine** Knoblauchzehe
**1 TL** Olivenöl
**1 TL** Zitronensaft
**2 EL** Traubensaft
**1/2 TL** gehackter Rosmarin

pro Person
2 ProPoints Wert
737 kJ
176 kcal

1. Aubergine waschen, in Scheiben schneiden, salzen und ca. 10 Minuten ziehen lassen. Für die Creme Quark mit Ajvar, Kidneybohnen und Chiliflocken pürieren und mit Salz und Pfeffer abschmecken.

2. Schalotten schälen und in Spalten schneiden. Schalottenspalten auf 2 Stücke Alufolie (ca. 20 x 20 cm) verteilen. Mit Essig beträufeln, mit Thymian bestreuen, salzen, pfeffern und Folie verschließen. Zucchini waschen und in Stücke schneiden. Für die Marinade Knoblauch pressen und mit Öl, Zitronen-, Traubensaft, Rosmarin, Salz und Pfeffer verrühren.

3. Auberginenscheiben und Zucchinistücke mit Marinade bestreichen. Schalottenpäckchen auf dem Grill ca. 10 Minuten grillen. Auberginenscheiben und Zucchinistücke ca. 5 Minuten von jeder Seite grillen. Gemüse mit Quarkcreme servieren.

# Teriyakispieße mit Tofu

**Fertig in:** 30 Minuten
**Davon aktiv:** 30 Minuten

**Für 2 Personen:**
**100 g** Tofu
**1** Limette
**2 EL** Teriyakisauce
**1 TL** Pflanzenöl
**1 kleine** reife Mango
**1/2** rote Zwiebel
**1 TL** gehackte glatte Petersilie
**1 Msp.** Chilipulver
Salz
Pfeffer
**150 g** Cocktailtomaten

pro Person
2 ProPoints Wert
801 kJ
191 kcal

1. Tofu in ca. 2 x 2 cm große Würfel schneiden. Limette auspressen. Für die Marinade 1 Teelöffel Limettensaft mit Teriyakisauce und Öl verrühren. Marinade und Tofuwürfel in einen Gefrierbeutel geben, vorsichtig vermischen und ca. 10 Minuten marinieren.

2. Für die Salsa Mango schälen und das Fruchtfleisch vom Stein schneiden, Zwiebel schälen und beides fein würfeln. Mit Petersilie, Chilipulver, 1 Esslöffel Limettensaft, Salz und Pfeffer würzen.

3. Tomaten waschen, mit Tofuwürfeln abwechselnd auf 4 Holzspieße stecken und auf dem Grill ca. 5 Minuten rundherum grillen. Teriyakispieße mit Mangosalsa servieren.

# Gegrillter Spargel mit Rucolasalsa

**Fertig in:** 25 Minuten
**Davon aktiv:** 20 Minuten

**Für 2 Personen:**
**400 g dünner** grüner Spargel
**50 g** Rucola
**1** Tomate
**1** Schalotte
**1 kleine** Knoblauchzehe
**2 EL** heller Balsamicoessig
**2 TL** Olivenöl
**2 EL** Orangensaft
Salz
grob gemahlener Pfeffer
**1 Prise** Zucker

1. Spargel waschen und das untere Drittel schälen. Für die Salsa Rucola waschen, trocken schleudern und fein hacken. Tomate waschen, Schalotte schälen und beides in feine Würfel schneiden. Knoblauch pressen und mit Rucola, Tomaten- und Schalottenwürfeln, Essig, 1 Teelöffel Öl und Orangensaft verrühren. Mit Salz, Pfeffer und Zucker würzen.

2. Die Spargelstangen mit einem Holzspieß aneinander fixieren, mit restlichem Öl besteichen, auf dem Grill ca. 3–5 Minuten von jeder Seite grillen und mit Salz und Pfeffer würzen. Gegrillten Spargel mit Rucolasalsa servieren.

pro Person 1 ProPoints Wert

482 kJ
115 kcal

# Italienische Grilltomaten

**Fertig in:** 35 Minuten
**Davon aktiv:** 15 Minuten

**Für 2 Personen:**
**1 Kugel** Mozzarella light
**2** Fleischtomaten
**5** entsteinte grüne Oliven in Lake
**2 Msp.** gehackter Oregano
**2 TL** gehacktes Basilikum
Salz
Pfeffer
**einige Blätter** Basilikum

pro Person
3 ProPoints Wert
683 kJ
163 kcal

1. Mozzarella abtropfen lassen. Tomaten waschen und jeweils einen Deckel abschneiden. Tomaten mit einem Löffel aushöhlen. Kerne vom Fruchtfleisch trennen und das Fruchtfleisch mit Oliven hacken. Mozzarella in kleine Würfel schneiden und mit Oliven, Tomatenfruchtfleisch, Oregano und Basilikum verrühren. Masse mit Salz und Pfeffer würzen.

2. Tomaten auf je 1 Stück Alufolie (ca. 20 x 20 cm) setzen und mit Mozzarellamasse füllen. Deckel aufsetzen und Folie verschließen. Tomaten auf dem Grill ca. 20 Minuten grillen, Basilikum waschen, trocken schütteln und Tomaten mit Basilikum garniert servieren.

# Champignons mit Kartoffelfüllung

**Fertig in:** 40 Minuten
**Davon aktiv:** 30 Minuten

**Für 2 Personen:**
**200 g** mehligkochende Kartoffeln
Salz
**4** Riesenchampignons (à 100 g)
**1** Frühlingszwiebel
**100 g** Frischkäse, bis 1 % Fett absolut
**2 TL** Kräuter der Provence
Pfeffer

pro Person
3 ProPoints Wert
587 kJ
140 kcal

1. Kartoffeln schälen, in Stücke schneiden und in Salzwasser ca. 15 Minuten garen. Champignons trocken abreiben. Champignonstiele herauslösen und grob hacken. Frühlingszwiebel waschen und in feine Ringe schneiden.

2. Kartoffeln abgießen, zerstampfen und mit Champignonstielen, Frühlingszwiebelringen, Frischkäse und Kräutern vermischen. Kartoffelmasse mit Salz und Pfeffer abschmecken. Champignons mit der Masse füllen, auf je 1 Stück Alufolie (ca. 20 x 20 cm) setzen und Folie verschließen. Auf dem Grill ca. 10 Minuten grillen und servieren.

# Grillkartoffeln mit Rosmarindressing

**Fertig in:** 35 Minuten
**Davon aktiv:** 25 Minuten

**Für 2 Personen:**
**2** festkochende Kartoffeln (à 200 g)
Salz
**1 TL** gehackter Rosmarin
**4 EL** saure Sahne
**1 TL** Honig
Pfeffer
**2 TL** Olivenöl
**2 EL** Gemüsebrühe (1 Prise Instantpulver)
**1/2 TL** Paprikapulver

1. Kartoffeln waschen, mit Schale in ca. 1 cm dicke Scheiben schneiden und ca. 10 Minuten in Salzwasser vorgaren. Rosmarin mit saurer Sahne verrühren. Dressing mit Honig verfeinern und mit Salz und Pfeffer abschmecken.

2. Öl mit Brühe verrühren und mit Salz, Pfeffer und Paprikapulver würzen. Kartoffelscheiben abgießen, trocken tupfen, mit Marinade bestreichen und auf dem Grill ca. 5–10 Minuten von jeder Seite grillen. Grillkartoffeln mit Rosmarindressing beträufelt servieren.

pro Person
6 ProPoints Wert

975 kJ
233 kcal

# Gegrillte Pfirsiche mit Ziegenkäse

**Fertig in:** 15 Minuten
**Davon aktiv:** 10 Minuten

**Für 2 Personen:**
**2** Pfirsiche
**4 EL** Ziegenfrischkäse
**1 EL** Orangensaft
**1 TL** Honig
**1 TL** gehacktes Basilikum
Salz
**einige** rosa Pfefferbeeren
**einige Blätter** Basilikum

1. Pfirsiche waschen, halbieren und die Steine entfernen. Für die Füllung Frischkäse mit Orangensaft, Honig, Basilikum und 1 Prise Salz verrühren.

2. Pfirsichhälften auf dem Grill ca. 5 Minuten grillen, mit Frischkäsecreme füllen und mit rosa Pfefferbeeren bestreuen. Basilikum waschen, trocken schütteln und Pfirsiche mit Basilikum garniert servieren.

pro Person
2 ProPoints Wert
520 kJ
124 kcal

# Warme Obstspieße mit Vanilleeis

**Fertig in:** 25 Minuten
**Davon aktiv:** 20 Minuten

**Für 2 Personen:**
**1/4** Ananas
**1** Pfirsich
**1 kleine** Mango
**1** süßlicher Apfel (z. B. Jonagold)
**1/2 TL** gehackte Minze
**1 TL** Agavendicksaft (ersatzweise Honig)
**einige Tropfen** Zitronensaft
**2 Kugeln** fettreduziertes Vanilleeis

1. Ananas schälen und den Strunk entfernen. Pfirsich waschen, halbieren und den Stein entfernen. Mango schälen und das Fruchtfleisch vom Stein schneiden. Apfel vierteln, entkernen und schälen. Obst in Stücke schneiden.

2. Ananas-, Mango-, Pfirsich- und Apfelstücke abwechselnd auf 6 Holzspieße stecken. Für die Sauce Minze mit Agavendicksaft und Zitronensaft verrühren. Obstspieße auf dem Grill ca. 10 Minuten rundherum grillen, mit Sauce beträufeln und mit je 1 Kugel Vanilleeis servieren.

pro Person
2 ProPoints Wert
1061 kJ
253 kcal

# Ananas mit Kokosdip

**Fertig in:** 15 Minuten
**Davon aktiv:** 15 Minuten

**Für 2 Personen:**
**1/2** Ananas
**1** unbehandelte Limette
**125 g** Magerquark
**4 EL** Kokosmilch light
**2 TL** Agavendicksaft (ersatzweise Honig)
**1 EL** Kokosraspel

pro Person
3 ProPoints Wert
977 kJ
233 kcal

1. Ananashälfte schälen, in Scheiben schneiden und Strunk entfernen. 1 Prise Limettenschale abreiben und Limette auspressen.

2. Quark mit Kokosmilch, 2 Esslöffeln Limettensaft, Limettenschale, Agavendicksaft und Kokosraspeln verrühren. Ananasscheiben auf dem Grill ca. 5 Minuten rundherum grillen. Mit restlichen Kokosraspeln bestreuen, nach Wunsch mit Zitronenmelisse und Limettenspalten garnieren und mit Kokosdip servieren.

# Beilagensalate, Marinaden & Dips

Alles für ein perfektes „Drumherum“ – neben frischen Rohkostsalaten finden Sie hier cremigen Kartoffelsalat sowie Rezepte für Fleischmarinaden und Dips.

# Kartoffel-Gurken-Salat mit Schinken

**Fertig in:** 40 Minuten
**Davon aktiv:** 15 Minuten

**Für 2 Personen:**
**300 g** festkochende Kartoffeln
Salz
**1** Salatgurke
**50 g** gekochter Schinken
**1** Knoblauchzehe
**100 g** Frischkäse, bis 1 % Fett absolut
**50 g** fettarmer Joghurt
**75 ml** Gemüsebrühe (1/2 TL Instantpulver)
**1 EL** Zitronensaft
**1 EL** Weißweinessig
**1 TL** Rapsöl
**1 EL** Schnittlauchringe
**1 TL** gehackte Petersilie
Pfeffer

pro Person 6 ProPoints Wert | 1020 kJ 244 kcal

1. Kartoffeln waschen und mit Schale in Salzwasser ca. 20 Minuten garen. Gurke waschen und in Scheiben hobeln. Schinken würfeln.

2. Für das Dressing Knoblauch pressen und mit Frischkäse, Joghurt, Brühe, Zitronensaft, Essig, Öl, Schnittlauch und Petersilie verrühren, salzen und pfeffern.

3. Kartoffeln abgießen, pellen, leicht abkühlen lassen und in Scheiben schneiden. Kartoffel-, Gurkenscheiben und Schinkenwürfel mit Dressing vermischen und ca. 15 Minuten ziehen lassen. Salat mit Salz und Pfeffer abschmecken und servieren.

# Spargel-Erdbeer-Salat mit grünem Pfeffer

**Fertig in:** 35 Minuten
**Davon aktiv:** 35 Minuten

**Für 2 Personen:**
**je 200 g** weißer und grüner Spargel
Salz
Pfeffer
**2 TL** Pflanzenöl
**1 TL** Ahornsirup
**150 ml** Gemüsebrühe (1 TL Instantpulver)
**2** Römersalatherzen
**150 g** Erdbeeren
**3 EL** Rotweinessig
**1 TL** Dijonsenf
**8** Pumpernickeltaler
**100 g** Kräuterfrischkäse, bis 1 % Fett absolut
**1/2 Beet** Kresse
**2 TL** eingelegter grüner Pfeffer

pro Person
4 ProPoints Wert
1279 kJ
305 kcal

**1.** Weißen Spargel schälen und die holzigen Enden abschneiden. Grünen Spargel waschen, das untere Drittel schälen und beide Sorten in Stücke schneiden. Weiße Spargelstücke in Salzwasser ca. 8–10 Minuten bissfest garen, abgießen und kalt abschrecken. Öl in einer Pfanne erhitzen und grüne Spargelstücke darin mit Ahornsirup ca. 2–3 Minuten rundherum anbraten. Mit Brühe ablöschen, weitere ca. 2–3 Minuten dünsten und abkühlen lassen. Grüne Spargelstücke abgießen und Sud dabei auffangen.

**2.** Salat waschen, trocken schleudern und in mundgerechte Stücke zerteilen. Erdbeeren waschen, trocken tupfen und vierteln. Essig mit 75 ml Spargelsud und Senf verquirlen und mit Salz und Pfeffer abschmecken. Pumpernickeltaler mit Frischkäse bestreichen.

**3.** Kresse vom Beet schneiden. Salat auf Tellern anrichten, Spargelstücke und Erdbeerviertel darauf verteilen. Spargel-Erdbeer-Salat mit Dressing beträufeln, mit grünem Pfeffer und Kresse bestreuen und mit Pumpernickeltalern servieren.

# Caesar's Salad mit Croûtons

**Fertig in:** 25 Minuten
**Davon aktiv:** 25 Minuten

**Für 4 Personen:**
**2 Scheiben** Vollkorntoast
**1** Römersalat
**1** Knoblauchzehe
**1** Sardellenfilet, in Salzlake
**1/2** Zitrone
**200 g** Magermilchjoghurt
**1 EL** Salatcreme, bis 20 % Fett
**1 EL** Senf
**2 EL** Worcestersauce
**2 EL** Gemüsebrühe
(1 Prise Instantpulver)
Salz
Pfeffer
**2 EL** geriebener Parmesan
**1/2 TL** Chiliflocken

1. Vollkorntoast würfeln, in einer Pfanne fettfrei rösten und zur Seite stellen. Römersalat waschen, trocken schleudern und in mundgerechte Stücke zerteilen.

2. Für das Dressing Knoblauch pressen, Sardellenfilet hacken und Zitronenhälfte auspressen. Joghurt mit Salatcreme, Senf, 1 Esslöffel Zitronensaft, Worcestersauce, Brühe, Knoblauch und Sardellenfilet verrühren. Dressing mit Salz und Pfeffer kräftig würzen. Salat mit Dressing mischen, mit Croûtons, Parmesan und Chiliflocken bestreuen und servieren.

pro Person
3 ProPoints Wert
505 kJ
121 kcal

# Wassermelonensalat mit Schafskäse

**Fertig in:** 15 Minuten
**Davon aktiv:** 15 Minuten

**Für 2 Personen:**
**5 Stängel** Minze
**1** unbehandelte Limette
**2 EL** Apfelsaft
**1 EL** heller Balsamicoessig
Salz
Pfeffer
**500 g** Wassermelonenfruchtfleisch
**75 g** Rucola
**100 g** Schafskäse light
**100 g** Hüttenkäse, 20 % Fett i. Tr.

pro Person 4 ProPoints Wert | 1162 kJ 278 kcal

1. Für das Dressing Minze waschen, trocken schütteln und hacken. 1/2 Teelöffel Limettenschale abreiben und Limette auspressen. Apfel-, Limettensaft, Essig, Limettenschale und Minze verrühren und mit Salz und Pfeffer würzen.

2. Melonenfruchtfleisch würfeln. Rucola waschen und trocken schleudern. Schafskäse zerbröseln. Melonenwürfel mit Rucolastücken, Dressing, Schafs- und Hüttenkäse vermischen. Wassermelonensalat mit Salz und Pfeffer abschmecken und sofort servieren.

# Grüner Salat mit Avocado-Orangen-Dressing

**Fertig in:** 35 Minuten
**Davon aktiv:** 35 Minuten

**Für 4 Personen:**
**3** Römersalatherzen
**1 Bund** glatte Petersilie
**1 Bund** Frühlingszwiebeln
**4 Stangen** Staudensellerie
**1** Salatgurke
**1/2 Beet** Kresse
**2** Orangen
**150 g** Avocado
**2 EL** Weißweinessig
**50 ml** Gemüsebrühe
(2 Prisen Instantpulver)
**1 TL** Senf
Salz
Pfeffer
**80 g** gehobelter Pecorino
(ersatzweise Parmesan)

pro Person 4 ProPoints Wert | 1260 kJ 301 kcal

1. Salat, Petersilie, Frühlingszwiebeln, Sellerie und Gurke waschen. Salat trocken schleudern und in Streifen schneiden. Petersilie trocken schütteln und grob hacken. Frühlingszwiebeln in Ringe und Sellerie in Scheiben schneiden. Gurken mit einem Sparschäler in lange Streifen schneiden. Kresse vom Beet schneiden.

2. Für das Dressing Orangen auspressen. Avocado halbieren, Stein entfernen und Fruchtfleisch aus der Schale lösen. Avocadofruchtfleisch mit Orangensaft, Essig, Brühe und Senf pürieren und mit Salz und Pfeffer abschmecken. Salatstreifen, Gemüse und Kräuter mit Dressing vermischen. Salat mit Pecorinohobeln bestreut servieren.

# Curry-Ananas-Chutney

**Fertig in:** 15 Minuten
**Davon aktiv:** 5 Minuten

**Für 2 Personen:**
**1/4** Ananas
**2 EL** Gemüsebrühe
(2 Prisen Instantpulver)
**1 Msp.** Chilipulver
**1/2 TL** Currypulver
Salz
Pfeffer

pro Person
0 ProPoints Wert
191 kJ
46 kcal

**1.** Ananas schälen, den Strunk entfernen und Ananas in kleine Würfel schneiden. Ananaswürfel in einem kleinen Topf mit Brühe zugedeckt ca. 8–10 Minuten dünsten und abkühlen lassen. Mit Chili-, Currypulver, Salz und Pfeffer würzen und servieren.

**Schmeckt zu …**
… gegrilltem Geflügel oder Gemüse.

# Wasabidip mit Sesam

**Fertig in:** 5 Minuten
**Davon aktiv:** 5 Minuten

**Für 2 Personen:**
**3 EL** Magerquark
**2 EL** fettarme Milch
**1/2 TL** Wasabipaste
**1 TL** Sesamöl
**1 TL** Sesam
Salz

pro Person
2 ProPoints Wert
294 kJ
70 kcal

**1.** Quark mit Milch glatt rühren. Wasabipaste und Öl untermischen und mit Sesam verfeinern. Wasabidip mit Salz abschmecken und servieren.

**Passt besonders gut zu …**
… gegrilltem Fisch.

# Chilimarinade

**Fertig in:** 5 Minuten
**Davon aktiv:** 5 Minuten

**Für 4 Personen:**
**1** rote Chilischote
**2** Knoblauchzehen
**je 1 EL** gehackter Oregano und Thymian
**1 EL** Olivenöl
Meersalz
grob gemahlener Pfeffer

pro Person 1 ProPoints Wert | 154 kJ 37 kcal

**1.** Chilischote waschen, entkernen und würfeln. Knoblauch pressen und mit Chiliwürfeln, Oregano, Thymian und Öl verrühren. Mit Salz und Pfeffer abschmecken.

**Passt besonders gut …**

… zu Rindersteaks. Idealerweise über Nacht im Kühlschrank marinieren, mindestens aber für 30 Minuten.

# Senfmarinade

**Fertig in:** 5 Minuten
**Davon aktiv:** 5 Minuten

**Für 4 Personen:**
**1** Zwiebel
**3 EL** Senf
**1 EL** Zuckerrübensirup
**1 EL** Tomatenmark
**1 EL** Rapsöl
Salz
Pfeffer

pro Person 1 ProPoints Wert | 225 kJ 54 kcal

**1.** Zwiebel schälen, fein würfeln und mit Senf, Zuckerrübensirup, Tomatenmark und Öl verrühren. Mit Salz und Pfeffer abschmecken.

**Ideal zum Bestreichen …**

… von Schweinefleisch vor dem Grillen.

Senf Marinade

# Zu zweit geht alles besser

Wenn die Kinder flügge werden, beginnt für die Eltern ein neuer Lebensabschnitt: Uwe freut sich darauf, die Welt mit seiner Frau neu zu entdecken. Damit der 53-jährige die geplanten gemeinsamen Aktivitäten noch mehr genießen kann, hat er mit Weight Watchers ordentlich abgespeckt.

Unerbittliche 99,8 Kilo zeigte die Waage des zweifachen Familienvaters eines Morgens – die 100-Kilo-Marke war nun erschreckend nah. Über viele Jahre hatte Uwe den schleichenden Anstieg seines Gewichts akzeptiert, doch die vielen Kilos nervten ihn zunehmend. Uwe wurde immer träger, dabei hatte er so viel vor: Sport, Städtereisen, Kreuzfahrten. Dann ergriff der erfolgreiche Bank- und Marketingkaufmann die Initiative: „Ich habe meiner Frau gesagt, dass ich abnehmen will – und zwar mit ihr. Denn zu zweit geht doch alles besser!" In sieben Monaten nahm er fast 25 Kilo ab und fühlte sich wie neugeboren. Sein Ziel, Gold Mitglied zu werden, hat er erreicht. Heute stellt er sich sportlichen Herausforderungen. 10 Jahre nachdem er bereits einmal an einem Halbmarathon teilgenommen hatte, meldete sich Uwe erneut an und schaffte die Strecke nicht nur ohne Probleme, sondern auch schneller als zuvor. „Es ist toll zu sehen, wie fit ich bin. Sogar mein 19-jähriger Sohn glaubt nicht, dass er mich noch schlagen kann".

Das Abnehmen mit Weight Watchers fiel Uwe nicht sehr schwer. „Die Unterstützung im Treffen hat mir geholfen, das Programm intensiv kennenzulernen und am Ball zu bleiben. Und an die neue Regelmäßigkeit beim Essen, die ich erlernt habe, halte ich mich an stressigen Tagen im Job genauso wie im Urlaub." Dennoch gibt es für Uwe beim Abnehmen Herausforderungen, denen er sich stellen muss – und dazu gehören die Kreuzfahrten mit seiner Frau. „Die kulinarischen Versuchungen an Bord sind groß – ein einziges Schlaraffenland", gesteht der Genießer. Doch das Essen steht, anders als bei früheren Urlauben, nicht mehr so sehr im Mittelpunkt – es ist nur ein Erlebnis von vielen. Nachmittags greift er konsequent zum Obstkuchen statt zur Sahnetorte, und abends stürmt er auch schon mal das Salatbuffet. „Ich habe gelernt, ‚Nein' zu sagen. Mein stärkster Muskel ist mein Wille, beim Sport wie auch bei der Ernährung." Außerdem sind aktive Ausflüge angesagt: Auf den Kanaren hat er mit seiner Frau Vulkanberge und Höhlen erwandert. Und auf dem Schiff gehen die beiden konsequent zu Fuß – auch wenn 12 Decks zu überwinden sind.

Als Uwe sein Wunschgewicht von 75 Kilo erreicht hatte, krönte er seinen Erfolg mit einer Tätowierung und ließ sich die Namen seiner Frau und seiner Kinder auf die Wade stechen. Inzwischen hält er sein Gewicht seit fast einem Jahr – und hat sich am Stichtag seiner Gold Mitgliedschaft mit einem weiteren Tattoo belohnt. Das Treffen wird Uwe auch weiterhin regelmäßig besuchen – doch nicht nur, um sein eigenes Gewicht zu halten: „Meine Frau hat noch ein paar Kilo vor sich und ist nach wie vor dabei – und dabei unterstütze ich sie."

Wenn Sie wie Uwe durchstarten möchten, schauen Sie bei einem Weight Watchers Treffen in Ihrer Nähe vorbei:
**www.weightwatchers.de/treffenfinden**

www.weightwatchers.de/
monatspass

Fotograf: Jens van Zoest

„Meine Lieblingsrezepte aus diesem Kochbuch sind Currywurst vom Spieß (Seite 25) und Gyrosschnitzel mit Spitzkohl-Paprika-Salat (Seite 38)."

**Redaktion:**
Weight Watchers
Claudia Braun, Claudia Thienel

**Realisierung:**
The Food Professionals Köhnen AG, Sprockhövel

**Projektleitung:**
Silke Höpker, Insa Weißpfennig

**Rezepte und Texte:**
Janina Gerthold, Ingrid Schmand

**Versuchsküche:**
Dennis Weber, Alexandra Wittenstein

**Fotografie:**
Klaus Arras, Dirk Przibylla, Stefan Schulte-Ladbeck
Seiten 2, 6-7, 8, 50, 70, 90: Thinkstock

**Foodstyling:**
Katja Briol, Marc Fleischer, Stefan Mungenast, Christa Schraa

**Gestaltungskonzept und Grafik:**
The Food Professionals Köhnen AG, Sprockhövel
Sina Büchele, Petra Penker

**Druck:**
Paffrath Print & Medien GmbH, Remscheid

1. Auflage 2015

ISBN 978-3-9816174-3-6

WeightWatchers®

Info-Hotline 01802-23 45 64* (Deutschland)
www.weightwatchers.de



*0,06 €/Anruf aus dem deutschen Festnetz. Mobilfunk höchstens 0,42 €/Minute.

PEFC
PEFC/04-31-1066

**PEFC zertifiziert**
Dieses Papier stammt aus nachhaltig bewirtschafteten Wäldern und kontrollierten Quellen.

www.pefc.de